LA
LOI DE PARDON

DISCOURS

PRONONCÉ

A LA SÉANCE SOLENNELLE DE RÉOUVERTURE DE LA CONFÉRENCE
DES AVOCATS STAGIAIRES

Le 21 Janvier 1905

PAR

Albert SABOURIN

Avocat à la Cour d'Appel
Secrétaire de la Conférence

POITIERS
IMPRIMERIE BLAIS ET ROY
7, RUE VICTOR-HUGO, 7
—
1905

LA
LOI DE PARDON

DISCOURS

PRONONCÉ

A LA SÉANCE SOLENNELLE DE RÉOUVERTURE DE LA CONFÉRENCE
DES AVOCATS STAGIAIRES

Le 21 Janvier 1905

PAR

Albert SABOURIN

Avocat à la Cour d'Appel
Secrétaire de la Conférence

POITIERS

IMPRIMERIE BLAIS ET ROY

7, RUE VICTOR-HUGO, 7

—

1905

IMPRIMÉ AUX FRAIS DE L'ORDRE PAR DÉCISION DU CONSEIL

Le 21 janvier 1905, à deux heures de l'après-midi, l'Ordre des Avocats à la Cour d'appel de Poitiers s'est réuni, en robe, dans la première chambre de la Cour, pour assister à l'ouverture des conférences du stage.

L'Assemblée était présidée par M. DUFOUR D'ASTAFORT, bâtonnier de l'Ordre, qui était entouré de MM. ARNAULT DE LA MÉNARDIÈRE, ORILLARD, PARENTEAU-DUBEUGNON, PAUL DRUET, TORNEZY et BARBIER, anciens bâtonniers ; FAURE, membre du Conseil de l'Ordre ; POULLE, DE LEFFE, POULIOT, ORILLARD, FILS, LÉVRIER, ROBAIN, MORAND, DE LA GRANGE, DE ROUX, GAILLARD, PINGANAUD et ROBICHON, avocats inscrits au Tableau.

La barre était occupée par MM. les avocats stagiaires.

MM. JEAN SÉCHET et ALBERT remplissaient les fonctions de secrétaires.

M. le Bâtonnier, après avoir ouvert la séance, a prononcé une allocution ; il a ensuite donné la parole à M. SABOURIN, qui a lu une étude sur *la Loi de Pardon*, puis à M. GRELLIER-POUGEARD, qui a donné lecture d'un travail sur *l'Intendance de Turgot en Limousin* (1761-1774).

M. le Bâtonnier a ensuite réglé le travail de la Conférence et la séance a été levée à quatre heures.

LA LOI DE PARDON

Monsieur le Batonnier,

Messieurs,

Au livre 1er de son traité « De la Clémence », Sénèque, parlant de l'application des peines, assigne à la loi le triple but de réformer, d'instruire et d'intimider (1).

Si les sociétés antiques oubliaient trop souvent les sages préceptes du philosophe romain, on constate, au contraire, chez les peuples modernes,une évolution lente, mais continue, en rapport direct avec les progrès de la civilisation, vers une conception plus saine et mieux raisonnée de la justice sociale.

En face du crime commis le sentiment instinctif de la société primitive avait été tout d'abord de réprimer le plus rigoureusement possible les atteintes portées à son harmonie et à son développement vital. Pour cela il fallait châtier le coupable non seulement pour le punir de sa faute, mais aussi et surtout pour qu'il servît d'exemple aux autres hommes intimidés par la terreur du supplice infligé.

_____

(1) _De Clementia_, lib. 1, cap. 22.

Cependant à mesure que les peuples trouvaient dans une constitution plus solide une force suffisante pour résister aux attaques de la criminalité, une conception moins cruelle du droit de punir devait s'infiltrer peu à peu dans le système pénal. Avec l'intérêt social on tâcha de concilier la proportionnalité des châtiments à la gravité du mal commis : c'est la base de l'échelle des peines que nous trouvons au début même de notre Code français. Ce n'était là pourtant qu'un pas timide dans la voie du progrès. Les criminalistes de 1810, pénétrés de cette idée que le crime est une atteinte à l'ordre juridique établi, ne virent dans la peine que la sanction de cette violation ; ce que les Allemands appellent le « Vergeltungstrafe ». Dès lors, tenant compte uniquement de la matérialité du crime, on néglige la personne du criminel et à telle infraction déterminée on applique une peine dette du désordre engendré. C'est la théorie de l'école criminaliste classique.

En face de cette doctrine un autre système a groupé peu à peu un nombre considérable de partisans ; l'école italienne, dont les chefs sont bien connus de vous tous, considère le criminel en lui-même, mais refuse de le condamner en raison de son degré de responsabilité, prétendant qu'il a été poussé au mal par un ensemble de faits d'ordre naturel psychologiques ou physiologiques qui ne laissent plus aucune place au libre arbitre de l'individu.

Si j'ai rappelé brièvement ces doctrines en les opposant l'une à l'autre, c'est pour en arriver à montrer qu'aujourd'hui, entre ces deux extrêmes, une tendance et un courant d'opinion se sont établis qui veulent voir dans le criminel non pas seulement un malade non plus qu'un homme irrévocablement déchu, mais un coupable qu'il faut essayer de relever pour le moraliser et s'efforcer de le rendre meilleur.

La responsabilité, fondement de la peine, l'individualisation critérium de son application, telle est aujourd'hui la formule qui caractérise ce mouvement d'amélioration du droit pénal commencé en 1832 par la loi sur les circonstances atténuantes et continué en 1891 par la loi de sursis. Toutefois l'évolution n'est point encore achevée, individualiser n'est pas au dire de quelques-uns le dernier stade du progrès. La loi de sursis est inspirée par une pensée d'indulgence envers le coupable. Il est un autre sentiment qui souvent se traduit dans les décisions des jurys pour atténuer la trop grande rigueur du Code : la pitié qui touche le cœur de l'homme à la vue des misères et des déchéances de ce monde et l'engage souvent à laisser tomber sur la tête du criminel repentant les paroles de pardon. Le pardon, entraînant l'absence de toute condamnation, tel est l'élément nouveau que beaucoup rêvent d'introduire dans notre législation pénale. Je voudrais examiner avec vous ces projets de réformes, retracer leur histoire et rechercher s'ils peuvent devenir une réalité.

*
* *

Le 12 novembre 1901, M. Bérenger déposait sur le bureau du Sénat une proposition de loi tendant à donner au juge d'instruction le droit de rendre une ordonnance de simple avertissement envers un inculpé non encore condamné dans le cas où la peine applicable ne serait pas su-

périeure à 2 ans de prison et où le préjudice causé ne
dépasserait pas 300 francs (1).

La proposition de M. Bérenger n'était pas la première :
au mois de mai 1899 un autre projet avait été déposé par
M. Morlot sur le bureau de la Chambre des députés (2);
quelques-uns d'entre vous se souviennent peut-être de la
lettre adressée à ce sujet aux membres du Parlement par
M. le président Magnaud.

« Dans bien des cas, disait ce magistrat, la clémence,
« cette haute vertu si douce à pratiquer, sera d'une efficacité
« autrement puissante que la sévérité même atténuée pour
« faire pénétrer dans le cœur du coupable de salutaires
« réflexions et le désir très ferme de rentrer dans le droit
« chemin. »

Il ne faut pas croire du reste que l'idée exprimée par
le président du tribunal de Château-Thierry soit une inno-
vation moderne, elle est contemporaine des civilisations
les plus anciennes. Déjà les philosophes romains avaient
perçu très nettement la valeur du pardon au point de vue
moral et j'ai cité au début même de ce discours les préceptes enseignés par Sénèque dans son traité « De la Clémence ». Dans un passage du « De Ira », il insiste davan-
tage encore : « Le dépositaire des lois, dit-il, devra n'em-
« ployer le plus possible à l'égard des esprits que des paro-
« les ménagées qui gagnent les cœurs à l'amour du juste
« et de l'honnête. Il passera ensuite à un avertissement
« et à une réprimande, enfin il aura recours aux punitions,
« mais les derniers supplices ne s'appliqueront qu'aux
« crimes désespérés (3). »

(1) *Journal officiel* ; Docum. parlem., Sénat, 1901, n° 402, p. 386.
(2) *Journal officiel* ; Docum. parlem., Chambre, 1901, n° 2752, p. 109.
(3) *De Ira*, lib. 1, cap. 16; lib. 2, rap. 31.

Longtemps avant que Sénèque s'appliquât à faire pénétrer à Rome l'idée modératrice du pardon, Platon avait poursuivi le même but en Grèce.

Ce sera d'ailleurs la pensée du christianisme dont le divin fondateur suspendu au bois de la croix rédemptrice élève encore la voix pour dominer les insultes de ses bourreaux et laisser tomber de ses lèvres sacrées les paroles dont l'écho s'est répercuté à travers les âges : « Mon père, pardonnez-leur, car ils ne savent ce qu'ils font ! »

Toute la religion catholique est imprégnée de ces sentiments de pitié et de miséricorde et c'est au droit canonique, émanation directe des enseignements de l'Église que le Moyen-âge dut l'institution de la *monitio canonica*, sorte de réprimande qui devait précéder toute poursuite pénale des fautes légères (1).

L'ancien régime connut lui aussi l'application de la même idée, c'est le droit de dispense, attribut essentiel du souverain, dont les lettres de grâces constituaient les principales manifestations.

Bien qu'elle ait disparu de la législation pénale de 1810, il est facile de constater par ce rapide aperçu historique que la théorie du pardon n'est point une invention récente.

Son origine ancienne s'explique du reste facilement si l'on songe que cette idée n'est, en définitive, que l'expression d'un sentiment inné chez toute âme sensible, mais forte, et qui engendre la compassion à la vue d'un être moins courageux et moins fort, incapable de résister aux passions qui l'entraînent. De la part de la société le pardon ne serait qu'un nouvel aspect du même phénomène psychologique.

(1) Esmein. Histoire de la procédure criminelle, tome I, chap. 2, p. 17. — Merlin. Répertoire universel et raisonné de Jurisprudence, t. I, p. 213.

*

Lorsque Auguste découvre le complot ourdi par Cinna, qui se tient désarmé devant lui, la colère de l'empereur au lieu d'éclater s'éteint subitement.

Soyons amis, Cinna, c'est moi qui t'en convie,

et dans cet acte de mansuétude se dévoile toute la force du potentat magnanime, « maître de lui comme de l'univers, » assez puissant pour mépriser les complots, assez habile pour ramener ainsi au sentiment du devoir son mortel ennemi.

Auguste pardonnant à Cinna, telle est l'image parfaite de la société oubliant la faute de celui de ses membres un instant égaré dans le chemin du vice. Reste à savoir si la société peut, sans craindre de céder à un sentimentalisme dangereux et à un altruisme excessif, absoudre ainsi des hommes qui ont transgressé les principes de solidarité et les devoirs qu'ils avaient à remplir à l'égard de leurs égaux ou de leurs supérieurs.

Pour résoudre utilement cette question capitale, il est nécessaire de connaître tout d'abord les conditions auxquelles on propose l'application de la loi du pardon dans la pratique courante de la justice.

*
**

Les deux propositions de lois dont la Chambre et le Sénat ont été saisis diffèrent tant sur la question de savoir qui accordera le pardon que sur celle de déterminer les prévenus auxquels le pardon doit être applicable.

Pour l'auteur de la loi de sursis, c'est au juge d'instruction qu'il faut confier la délicate mission de rendre une ordonnance de simple avertissement.

La commission chargée d'examiner le projet de M. Morlot estime, au contraire, que le tribunal seul peut disposer du pouvoir d'accorder le pardon en l'accompagnant d'une réprimande à titre de peine. Nous examinerons tout à l'heure ce qu'il faut penser de ces deux systèmes : je me borne maintenant à les exposer.

Lorsqu'il s'agit de savoir à qui le pardon doit être accordé, M. Bérenger répond « aux seuls délinquants primaires », c'est-à-dire aux inculpés qui n'ont pas subi de condamnations antérieures. Au contraire, la proposition Morlot n'apporte aucune entrave à l'omnipotence du juge et applique le pardon à tous les délinquants sans distinction, qu'ils aient été ou non antérieurement condamnés.

Il faut ajouter que, d'après la proposition Bérenger, le pardon serait conditionnel. Si, dans un délai qui ne peut être inférieur à 3 ans ni supérieur à 5 ans, et qui est fixé par l'ordonnance du juge, l'inculpé n'est l'objet d'aucune autre poursuite suivie de condamnation, l'ordonnance de simple avertissement est considérée comme non avenue et sa mention disparaît des bulletins 1 et 2 du casier judiciaire. Dans le cas contraire il est donné suite à la première poursuite sans que les peines puissent être confondues.

Telle est, Messieurs, l'économie des propositions de lois qui ont été prises en considération l'une au Sénat, l'autre à la Chambre des députés.

Sans discuter un seul instant leur mérite comparé et la pensée généreuse qui les a inspirées, je voudrais essayer de rechercher les conséquences d'une semblable législation tant au point de vue purement juridique qu'à l'égard de l'amendement des coupables et de l'intérêt social.

**

Craignant que l'organe du ministère public, juge administrativement 'révocable, ne subisse quelque influence de nature à faire suspecter son impartialité, M. Bérenger veut accorder le droit de simple avertissement au juge d'instruction. Il semble qu'il y ait là une idée quelque peu illogique et surtout contraire à notre organisation judiciaire.

Qui dit pardon suppose en effet une déclaration préalable de culpabilité, car on ne peut pardonner une faute que lorsqu'elle a été commise et si l'inculpé est réputé innocent par le juge chargé d'examiner les accusations portées contre, lui c'est l'ordonnance de non-lieu qui s'impose.

Si donc on veut octroyer au juge d'instruction le droit d'accorder le pardon, il faut lui reconnaître celui de prononcer la culpabilité; or, aucun texte de notre législation pénale n'attribue ce pouvoir au magistrat instructeur. Il peut établir les charges de l'accusation, il n'en fait pas la preuve. Si on lui reconnaissait ce droit, on le transformerait en une juridiction de jugement et M. Bérenger lui-même s'y refuse, car cela est contraire à notre système d'instruction criminelle. Le juge d'instruction est donc inapte à prononcer l'absolution.

Dès lors il faut. selon le projet de loi Morlot, réserver ce droit au tribunal; mais là encore une difficulté se présentera. Comment ce tribunal pourra-t-il discerner entre les délinquants ceux qui méritent le pardon et ceux qui n'ont droit à aucune commisération ? Exigerons-nous de la part des juges des connaissances de psychologie si précises et si complètes qu'ils puissent en quelques minutes se rendre compte des mobiles du délit et du degré de responsabilité du délinquant ? Seul le juge d'instruction, qui a interrogé le prévenu, qui l'a questionné sur sa vie passée, son éducation et ses habitudes, peut apprécier sa moralité ; or, nous venons de démontrer que ce juge est incompétent ; le serait-il que nous aurions à craindre pour lui et le coupable les dangers de l'arbitraire et ce n'est pas moi qui le dis, Messieurs, c'est M. Jolly, juge d'instruction à Paris, dans son rapport présenté à la Société générale des prisons : «Si « ce pardon, disait-il, dépend uniquement du bon plaisir du « magistrat instructeur, à quelle tentation, à quels soupçons « ne sera-t-il pas exposé ; ne trouvera-t-on pas des juges « qui pardonneront toujours, d'autres qui ne pardonneront « jamais (1)? »

Et M. le professeur Larnaude applique le même raisonnement aux tribunaux.

Les partisans de la loi de pardon objectent, il est vrai, les verdicts du jury qui, en acquittant les prévenus coupables, ne font pas autre chose que pardonner.

Nous ne discuterons pas la question de savoir si l'indulgence du jury peut sembler excessive, la question est ailleurs, et au point de vue qui nous occupe, on peut dire que les décisions du jury, même quand elles acquittent un coupable, ne constituent aucune violation à l'ordre juridique établi. Que fait le jury ? Il prononce une déclaration de

(1) *Revue pénitentiaire*, 1902.

culpabilité ou de non-culpabilité sans motiver sa décision.
Conformément à ce verdict la Cour d'assises condamne ou
acquitte, et ce dédoublement dans l'application de la justice
empêche à la fois toute accusation d'arbitraire envers les
magistrats et toute contradiction entre les motifs du jugement et la sentence prononcée. Si, au contraire, le tribunal
reconnaît la culpabilité, mais pardonne, c'est une culpabilité dépourvue de sanction. On objectera peut-être que la
réprimande interviendra à titre de peine. Demandons-nous
quelle sera l'efficacité de cette peine toute morale sur l'esprit du coupable et vis-à-vis de son amélioration.

C'est sous ce deuxième aspect que je vais examiner maintenant la loi du pardon.

Je crois inutile d'insister sur la valeur de la proposition
tendant à donner le bénéfice du pardon à tous les délinquants, même aux récidivistes. Que la réprimande puisse
toucher mieux qu'une peine le cœur de celui qui pour la
première fois s'est laissé entraîner à commettre un délit,
c'est peut-être là une application du proverbe bien connu :
« Mieux vaut douceur que violence. » Mais, qu'on accorde
le pardon à un délinquant qui, réprimandé une première
fois, s'est empressé de renouveler son acte délictueux dans
l'espoir d'une nouvelle mesure de clémence, ce serait, ce
me semble, donner une prime trop encourageante à la récidive et l'on serait bien près de vérifier l'exactitude de la
parole de Robespierre : « L'indulgence pour le vice est
une conspiration contre la vertu. »

Si l'on doit octroyer le pardon, il ne doit l'être qu'aux
seuls délinquants primaires et, même à l'égard de beaucoup
d'entre eux, j'ai peur qu'il ne produise pas l'impression
salutaire qu'on en attend.

Dans l'exposé des motifs qui précède sa proposition, M. le sénateur Bérenger s'exprime en ces termes : « Ac- « tuellement, quand le sursis est accordé, le condamné a « subi toutes les humiliations de la poursuite, de la compa- « rution devant la justice, de l'admonestation du président. « Une seule chose lui est épargnée, l'exécution de la peine. « Combien ne seraient pas plus fortes les raisons qui le « maintiennent dans le bien si, au seul intérêt d'éviter « l'exécution de la peine, se joignait celui, plus efficace et « plus moral, d'éviter la honte de la comparution publique « et de la condamnation ? »

Soustraire le coupable à l'appareil judiciaire d'une séance de police correctionnelle, telle semble être la principale préoccupation de M. le sénateur Bérenger qui croit avoir découvert ainsi un agent puissant de moralisation. Certes, il peut y avoir une humiliation pénible pour le délinquant primaire à coudoyer sur le même banc le récidiviste éhonté. Mais nous nous trouvons en présence d'une alternative qu'il sera difficile d'éluder ; ou bien on évitera au prévenu la publicité de l'audience en confiant au juge d'instruction le soin de prononcer le pardon dans le secret de son cabinet, et nous avons repoussé tout à l'heure cette solution comme contraire à notre organisation judiciaire et dangereuse pour la dignité du magistrat, ou bien alors on respectera les règles de l'administration de la justice et on laissera le tri- bunal souverain dispensateur du pardon ou de la condam- nation : la honte de la comparution à l'audience n'est plus écartée et le but poursuivi n'est pas atteint.

Je vais même plus loin et je ne crois pas être téméraire en disant qu'il est bien restreint le nombre de ceux pour lesquels une simple réprimande même prononcée au grand jour de l'audience sera le plus sûr garant d'une bonne conduite future. Ceux d'entre vous, Messieurs, qui peuvent être légitimement fiers d'une carrière déjà longue et à l'expérience desquels les jeunes ne sauraient trop recourir, se souviennent sans doute d'avoir vu souvent sur le banc des prévenus ces gamins vicieux au regard sournois qui n'accueillent les paroles bienveillantes du président prononçant la loi de sursis que par un sourire gouailleur, j'allais dire méprisant. Je me demande avec anxiété quel effet moral pourrait produire une simple réprimande sur l'esprit de ces coupables qui semblent inspirer la pitié par leur jeune âge et à l'égard desquels la loi de sursis n'a déjà que bien peu de pouvoir. Mais j'ai peur surtout que l'impression ne soit plus désastreuse encore à l'égard des camarades de l'inculpé qui fournissent le public habituel de ces sortes d'audiences et qui, entendant prononcer le pardon, se diront qu'après tout il est bien inutile d'avoir peur des tribunaux puisque pour la première fois au moins il est si facile d'être absous !

Et cela m'amène, Messieurs, à dire un dernier mot des conséquences qu'aurait l'application de la loi du pardon au point de vue de l'intérêt social.

Si nous constatons dans la législation pénale moderne une tendance vers l'individualisation toujours plus accentuée des châtiments, il faut prendre garde cependant de tomber dans les errements d'une philanthropie exagérée qui, craignant d'enlever à la peine son caractère moralisateur, lui ferait perdre en même temps son exemplarité.

Invinciblement, si l'on admet la loi de pardon, on arrive à supprimer la crainte salutaire de la peine. Lorsque la tentation criminelle viendra pour la première fois troubler une conscience timorée, la peur du châtiment encouru ne se dressera plus devant cette âme pour la préserver d'une chute dans le mal.

Mais supposons un instant que le pardon ait été accordé. « Si, dans un délai de 3 à 5 ans », nous dit M. Bérenger, « le « prévenu qui a bénéficié de la loi est à nouveau poursuivi « la poursuite ancienne sera reprise pour être jointe à la « nouvelle. » C'est donc admettre en quelque sorte un pardon conditionnel.

Or comment pourra-t-on reprendre un pareil procès trois ou cinq ans après l'avoir abandonné ? Non seulement il sera souvent difficile de retrouver les preuves du délit puisque l'instruction, on le suppose, n'aura pas été achevée ; mais encore les témoins seront disparus ou n'auront plus aucun souvenir précis des faits incriminés, les pièces à conviction, s'il en existait, auront peut-être été détruites, bref il sera impossible de rétablir sur des bases solides la poursuite de l'infraction première.

Si l'on veut un pardon, il faut qu'il soit complet et définitif. Mais alors la société se trouve désarmée puisqu'il ne lui est pas permis de révoquer la mesure de clémence dont le prévenu s'est montré indigne. Effaçant à tout jamais la première faute pour n'en laisser aucune trace, ce pardon n'aura plus le mérite d'inspirer au délinquant l'appréhension de l'exécution d'une peine ancienne en cas de récidive et c'est là un danger que prévenait la loi du 26 mars 1891.

C'est à cette loi ce me semble qu'il faut s'en tenir et c'est elle qui doit marquer le terme extrême d'individualisation relative à l'application de la peine.

Combinée avec l'article 463 du Code pénal, elle permet de proportionner la peine au degré de responsabilité du

coupable. On lui fait cependant un reproche : celui de permettre la mention de la condamnation sur le casier judiciaire.

Peut-être, en effet, y aurait-il une modification, je n'ose pas dire une réforme, qui pourrait être apportée dans la loi de 1891 ; je voudrais l'indiquer en terminant.

*
**

Lorsqu'il a bénéficié de la loi de sursis, dit-on, le condamné ne porte pas moins le stigmate de sa faute ; il la retrouve inscrite sur cette feuille de papier qu'il est obligé de montrer au dehors s'il veut exercer ses droits ou remplir une fonction et qui l'obligera pendant de longues années à faire l'aveu de sa faute chaque fois qu'il voudra solliciter un travail lui permettant de gagner sa vie. C'est la plus sérieuse entrave à sa régénération.

Ne croyez-vous pas, Messieurs, qu'il existerait peut-être un remède à cette situation ? Ne pourrait-on pas permettre au tribunal de décider que la condamnation ne serait mentionnée qu'aux bulletins du casier judiciaire destinés à rester entre les mains des magistrats ? La justice serait ainsi suffisamment renseignée dans le cas d'une nouvelle poursuite, mais on n'inscrirait alors aucune mention sur la feuille remise au délinquant dont la faute ne sera point rendue publique pendant cinq années à tous les moments de son existence et qui pourra rentrer dans la vie sociale avec l'espoir vivifiant de se relever à tout jamais par une conduite meilleure.

C'est cette idée, Messieurs, que je veux laisser à votre appréciation, persuadé qu'elle concilie tout à la fois la régénération du coupable et l'intérêt de la société qui conserve entre ses mains une arme précieuse contre la récidive.

Ici doit être fixée la dernière limite de l'indulgence.

Pour légitimer la loi de pardon on veut croire la société moderne munie d'une constitution assez puissante pour lui permettre de se montrer généreuse sans être taxée de faiblesse. La gazette quotidienne pourrait peut-être apporter un solennel démenti à cette affirmation légèrement utopique. Mais en supposant l'organisme social doué de la force intense qu'on lui veut reconnaître il faut, sous peine de lui ravir cette force, éviter d'introduire en lui un ferment de désagrégation. Gardons-nous donc de rêver l'apaisement prochain des convoitises et des passions humaines. Soyons plus positifs : la cité idéale de Platon n'est point encore construite et l'heure n'a pas sonné de son avènement.

www.ingramcontent.com/pod-product-compliance
Lightning Source LLC
Chambersburg PA
CBHW032302210326
41520CB00048B/5809